ोन्द्र म

r omission
e use of inf

sponsibilit

ोबारा कंप

ा, प्यार से
पोर्ट से बा

पथपाते इ

ा रही, स

ाड़ा खराद

ास कर लि

ा दिया बे

ा सिर अप

बात करत

चुप हो ग

। मत खर्च

शिमा रहत

लगे हैं। स

ा रही है?

र छोड़ दि

में दस-पं

तो कभी

के दोस्त थे

हाथ का

मर कर च़

आंखें बं

था कि र

या-क्या र

एक-दूसरे
न रमेश क

मेरे बारे

ो उससे अ
ा।

को नहीं दे

ऽ-दो बार व

दूंगी तुम्हे.

होगा घर :

· नहा बात

या था।

के होते म

सकता।

'

ए"

ी उससे व

आती है।

ारे पैसे वा

छ ले लेन

निकाल

, किसी क

। दोबारा

ग्रापस नहीं

बिंदर औ

से मगर हँस

सवाल व

मेश उनमें

बंध मगर

ा के पास

वो रमा

देखा फिर

: क्या कहे

सी और व

कि कुछ र

तरफ देख

के लिए

था। काफी

था शानी

नहीं होता

ानों को देर

ा। उसने र

ागा उसस
होंगे मुझर

है वो मे

ो तरफ स

दूगा। कुछ
कर कुछ ते

ना कद्र हा

तरक्की

का फोन

गे वो कारि

।”

केसी ऐसे

ानी का मन

ी को तो

ठते है।"

भी हो सव

े रुक गई·

ी गई।

रहा था।

ादी करे

है। सारी

ऋछ ढंग व

उठकर ज

आपसे मि

तुम्हारा ६

रही। मैं उ

दूसरे दिन

ा अपना

दें करके

। रहता।

नहीं?" रिं

ई मगर उ

करो। सब

ांव के नी

: कोर्स! दे

उठाया।

में बैठी क

वो इसलि

होते हुए १

ा कहना।’

गया था।

, उसने

ा चली गई

ही थी कि

तुम्हें बता

ना पडेगा।

सैटल हो

लत हुआ

नया था फ

ी है कि उ
कोई द्वेष न

हा होगा,

हैं। ऐसे लं

हो। बिंदर
चिंता मत

ब्रंदर लेने ३

। शहर भी

ग्री सुलझा

ाब तो कोई

क भोग पर

हू का को

मझकर द

मुझे इसकी

| नौकरी से

गुज़रता,

कल जाता

। हैं?” रा

ाय' कहव

हाथ देकर

। दाना एव

तडकी के

াসা। অব

ंगिंग के ि

ा मजा।"

।?"

किया है।

गम हो ग

ज क साथ

ाजे वालों

्त देर तक

ा चाहती

क्कर तो रे

ा, न ाबद

ंदर ने अप

नहीं करेग

होने के

। है सब उ

। उसका ग

ा उनका ह

ार चले ग

से बैठते हु
ःलचस्पी :

ा था उस ि

ने सारा वि

ाई, पूरे पैंत

उसे बॉर

जाये नहीं

लिए कु

नसे। नंबर

इद्र बहुत
माना, तेरी

ां-बाप, ह
मगर भाई

स आकर

क हूं क्या

. वो तम्हें

ार वो वहां

ते। रिंकू कं

अच्छी ख़

र हँस पडा

ञाले दिन :

ाफ़ िकया

़ पाई।

''ये क्या है

ानी कंपनी

च्चे से ब

नब तो ठी

मा दीदी उ

-सुबह ही

का खाना

से पूछा।

एक ने तो

ों से पहली

ड़ी वो दप

ड़ी बीजी क

रहे थे। थव
जगाने लग

। है, सुबह

लने की।

होश आ

। वो रिंकू

मने मेरा

। बात को

रुणा भरी

भी शॉपिं

क सामन

। थे। रिंकू

ानी और

तो शानी
चाहते थे।

े हो रहा
वना से कं

ठीक नहीं

करन को

लो कछ.

ट है , आ

त. सारी-स

उसके पाप

हुत कुछ है

के साथ ऐ

www.ingramcontent.com/pod-product-compliance
Ingram Content Group UK Ltd.
Pitfield, Milton Keynes, MK11 3LW, UK
UKHW041956190726
13854UKWH00005B/1999